Impressum
Verlag: BABADADA GmbH, Nedderfeld 112 , 22529 Hamburg
Geschäftsführer / Verlagsleitung: Harald Hof
Druck: Books on Demand GmbH, In de Tarpen 42, 22848 Norderstedt

Imprint
Publisher: BABADADA GmbH, Nedderfeld 112 , 22529 Hamburg, Germany
Managing Director / Publishing direction: Harald Hof
Print: Books on Demand GmbH, In de Tarpen 42, 22848 Norderstedt

dudal
school

feccu
divide

186/2

alluwal
board

jangirdu
classroom

dingiral dudal
school yard

ceerno
teacher

kaayit
paper

windu
write

bindirgal
pen

biro
desk

pondirgal
ruler

deftere
book

almuudo
pupil

sakosel

satchel

suudu kudol

pencil case

kudol

pencil

ceebnoowo kudol

pencil sharpener

momtirgal

rubber

nokku diidirdo

drawing pad

diidgol

drawing

diidirgal

paintbrush

suudu diidordu

paint box

sisooje

scissors

kol

glue

deftere softinorde

exercise book

coftinogol

homework

tongoode

number

beydu

add

ustu

subtract

hebbin

multiply

lim

calculate

bataake

letter

hijju

alphabet

kongol

word

windande

text

jangu

read

bindirgal

chalk

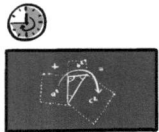

darsu

lesson

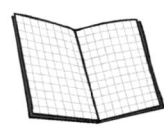

windaade

register

ÿeewtogol

examination

ijaazi

certificate

wutte jaŋirɗo

school uniform

jaŋde

education

ɗowitorde mawnde

encyclopedia

jaaɓi haatirde

university

mokoroskop

microscope

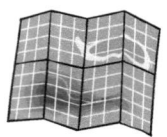

wertaango

map

siwo mbalis

waste-paper basket

ɗannaade
travel

otel
hotel
Grand
hoɗirdu
hostel
ROOMS
EXCHANGE
nokku beccirɗo
currency exchange office
woliis
suitcase
oto
car

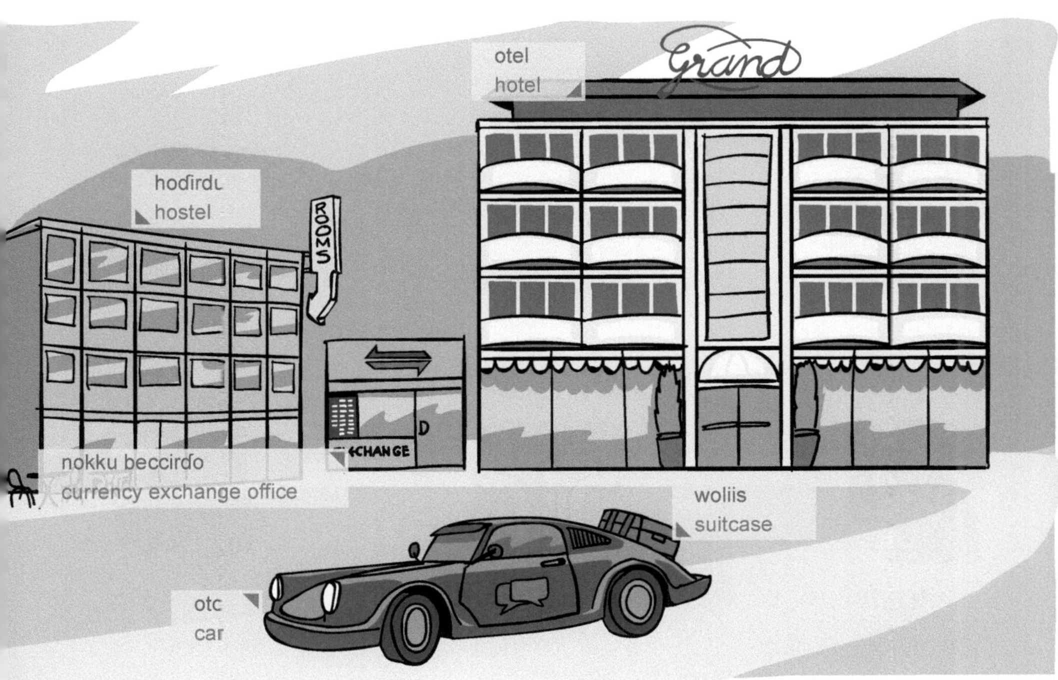

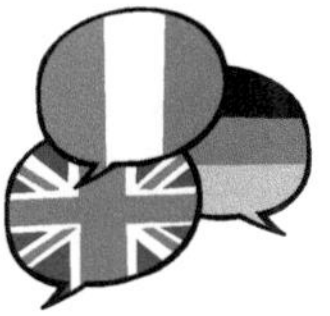

ɗemngal

language

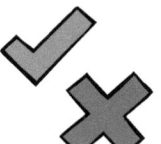

ey / ala

yes / no

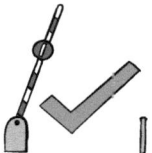

Eyyo

Okay

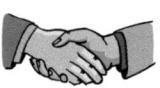

mbaɗɗa

hello

pirtoowo

translator

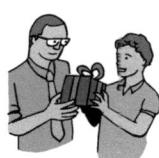

jaraama

Thank you

hono foti...?

how much is...?

mi faamaani

I don´t get it

satteende

problem

jam hiiri

Good evening!

jam waali

Good morning!

jam waal

Good night!

baay baay

goodbye

ngardiindi

direction

kaake

luggage

saak

bag

saak bakke

backpack

koɗo

guest

suudu

room

saak ɗaanorɗo

sleeping bag

taanta

tent

kabaaru jillotooɗo

tourist information

palaaz

beach

kartal keredii

credit card

kasitaari

breakfast

bottaari

lunch

hiraande

dinner

tikkett

Ticket

suutde

elevator

tembere

stamp

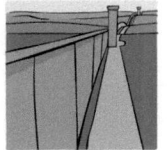

keerol

border

soodooɓe

customs

ambasaat

embassy

wiisa

visa

paaspoor

passport

yangarta
transport

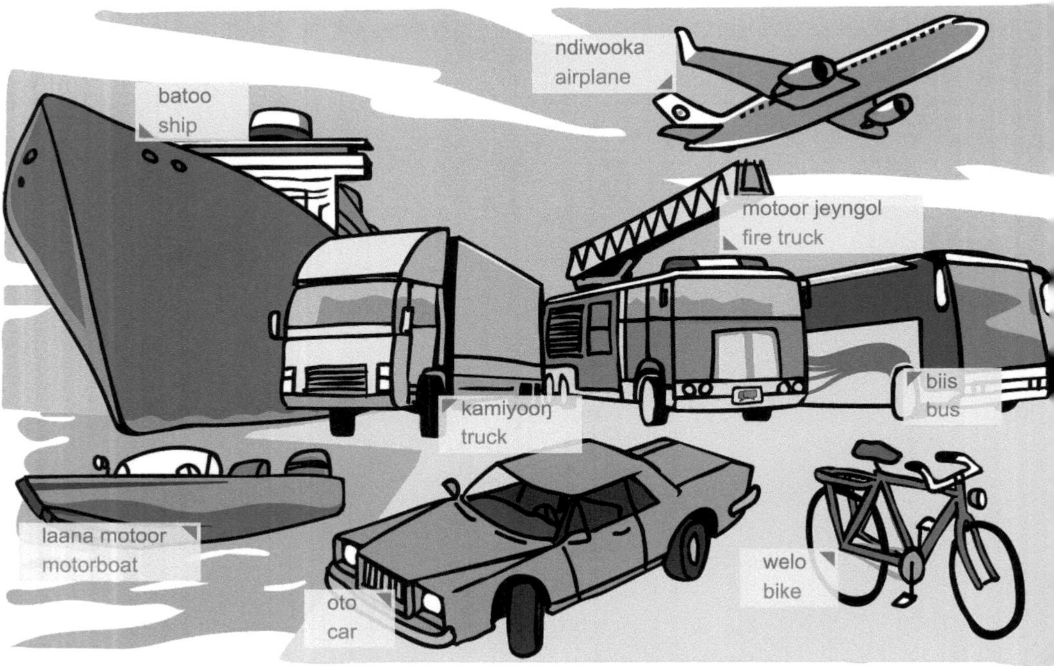
ndiwooka
airplane
batoo
ship
motoor jeyngol
fire truck
biis
bus
kamiyooŋ
truck
laana motoor
motorboat
oto
car
welo
bike

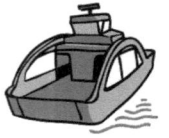

baak
ferry

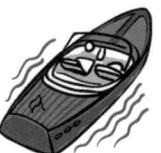

laana
boat

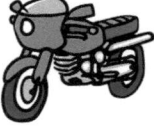

welo motoor
motorbike

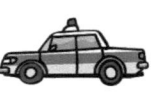

oto poliis
police car

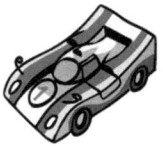

oto dandu
racing car

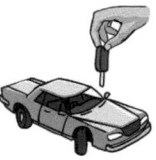

otoluwaaɗo
rental car

rendude oto

car sharing

leŋge

tow truck

kamiyooŋ salo

garbage truck

moto

engine

gaas

fuel

esaaseer

fuel station

maantorde tali

traffic sign

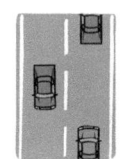

tali

traffic

bittugol ta i

traffic jam

darnirde oto

parking lot

dartorde teree

train station

laabi

tracks

teree

train

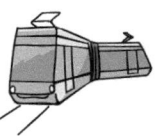

taraam

tram

nawgol

wagon

elikooteer

helicopter

aydapoor

airport

huɓeere

tower

jahoowo

passenger

kontaneer

container

kees

carton

saret

cart

siwo

basket

diw / tello

take off / land

wuro

city

saare

village

hakkunde wuro

city center

galle

house

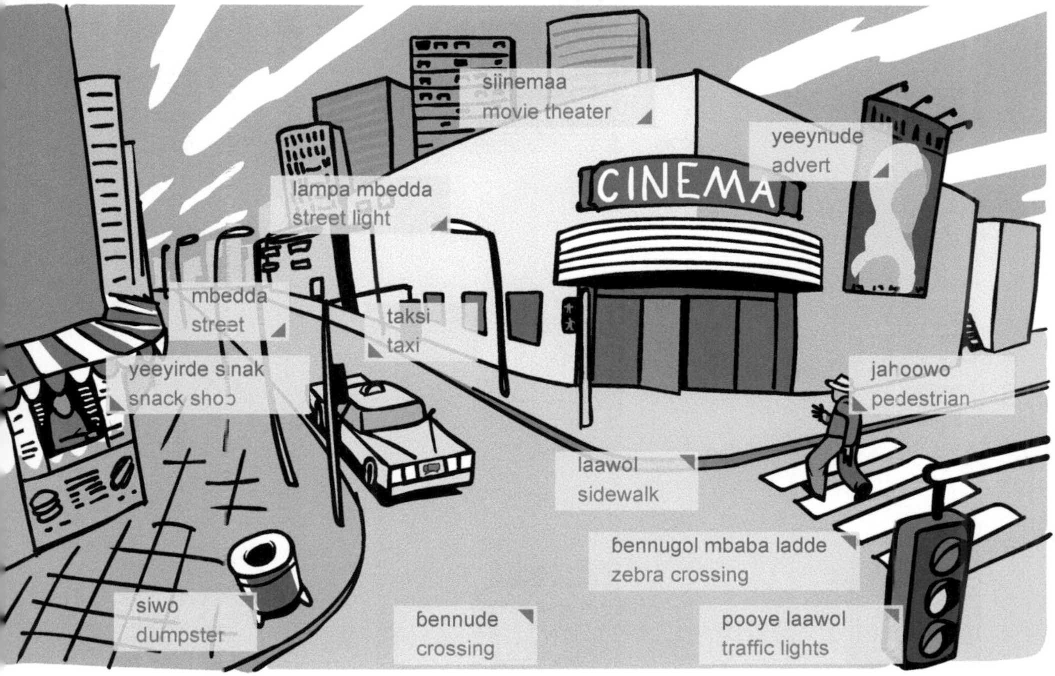

siinemaa
movie theater
CINEMA
yeeynude
advert
lampa mbedda
street light
mbedda
street
taksi
taxi
yeeyirde snak
snack shop
jahoowo
pedestrian
laawol
sidewalk
ɓennugol mbaba ladde
zebra crossing
siwo
dumpster
ɓennude
crossing
pooye laawol
traffic lights

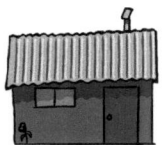

tiba

hut

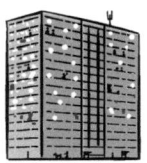

hoɗorde

apartment

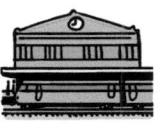

dartorde teree

train station

meeri

city hall

MUSEUM

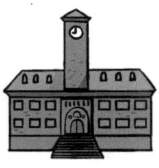

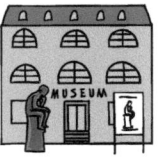

miise

museum

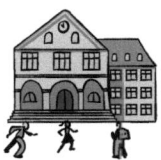

duɗal

school

jaaɓi haatirde

university

baŋke

bank

safrirdu

hospital

otel

hotel

farmasii

pharmacy

gollorde

office

yeeyirde defte

book shop

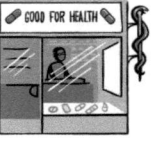

yeeyirde

shop

mo nehoowo leɗɗe

flower shop

duggere

supermarket

jeere

market

yeeyirde diiwaan

department store

mo gawoowo

fishmonger's shop

nokku njeeygu

mall

telloorde

harbor

parka

park

jooɗorde

bench

pooŋ

bridge

ŋabbirɗe

stairs

les leydi

subway

laawol les

tunnel

dartorde biis

bus stop

baar

bar

restoraaŋ

restaurant

suudu posto

postbox

maantorde mbedda

street sign

meetorde parka

parking meter

nehirde kulle

zoo

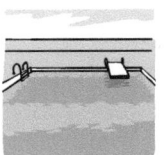

pisiin

swimming pool

jumaa

mosque

ngesa

farm

bonande

pollution

genaale

cemetery

ekiliis

church

dingiral

playground

tempele

temple

satto
landscape

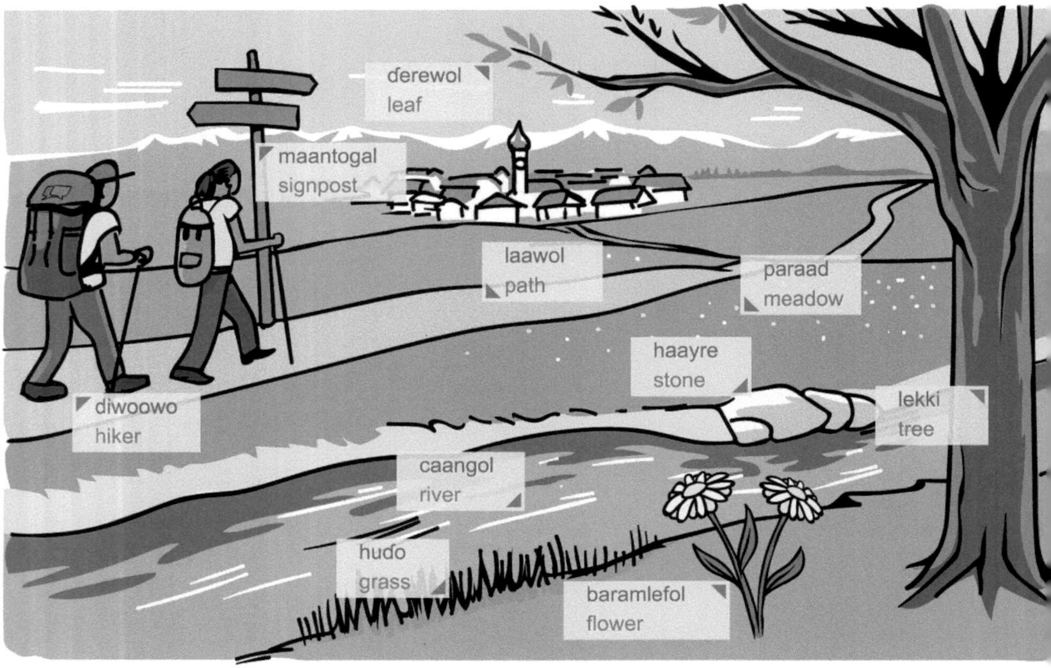

ɗerewol
leaf

maantogal
signpost

laawol
path

paraad
meadow

haayre
stone

diwoowo
hiker

lekki
tree

caangol
river

huɗo
grass

baramlefol
flower

fongo
valley

tiwaande
hill

weendu
lake

dundu
forest

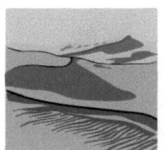

ladde
desert

wolkaaŋ
volcano

hoɗorde
castle

timtimol
rainbow

wiiduru gaynaako
mushroom

lekki koko
palm tree

ɓongu
mosquito

diw
fly

ñuuñu
ant

ñaaku
bee

njabala
spider

karaab

beetle

paaɓa

frog

jiire

squirrel

nguru paaɓa

hedgehog

wojere

hare

hooweere

owl

ndiwri

bird

kankaleewal

swan

fowru

boar

lella

deer

kooba

moose

baaraas

dam

seɗa hendu

wind turbine

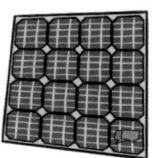

mbeɗu naange

solar panel

kilimaaŋ

climate

restoraaŋ
restaurant

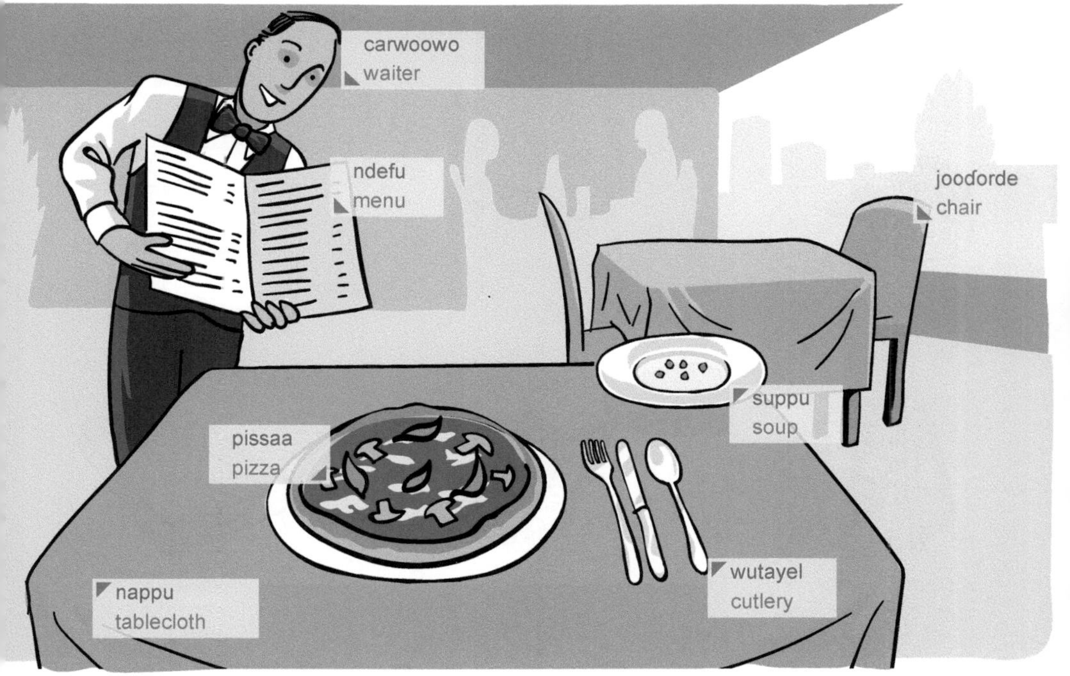
carwoowo
waiter
ndefu
menu
joodorde
chair
suppu
soup
pissaa
pizza
nappu
tablecloth
wutayel
cutlery

puddordo

starter

barme mawdo

main course

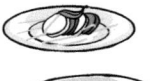

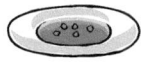

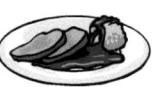

deseer

dessert

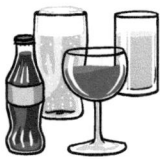

njarameeje

drinks

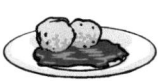

ñamri

food

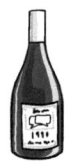

bitel

bottle

fastfuut

fast food

ñaamde mbedda

street food

pot ataaya

teapot

taasa suukara

sugar bowl

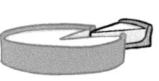

geɗal

portion

masiŋ esperesoo

espresso machine

jooɗorde toownde

high chair

faktiir

bill

terey

tray

paaka

knife

fursett

fork

kuddu

spoon

kuddu ataaya

teaspoon

torsooŋ

serviette

weer

glass

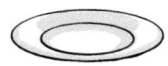

palaat
plate

palaat suppu
soup plate

coosoowo
saucer

soos
sauce

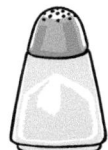

pot lamɗam
salt shaker

poobaar
pepper mill

wineegar
vinegar

diwliin
oil

kaaniije
spices

ketsoop
ketchup

mutaarde
mustard

maynees
mayonnaise

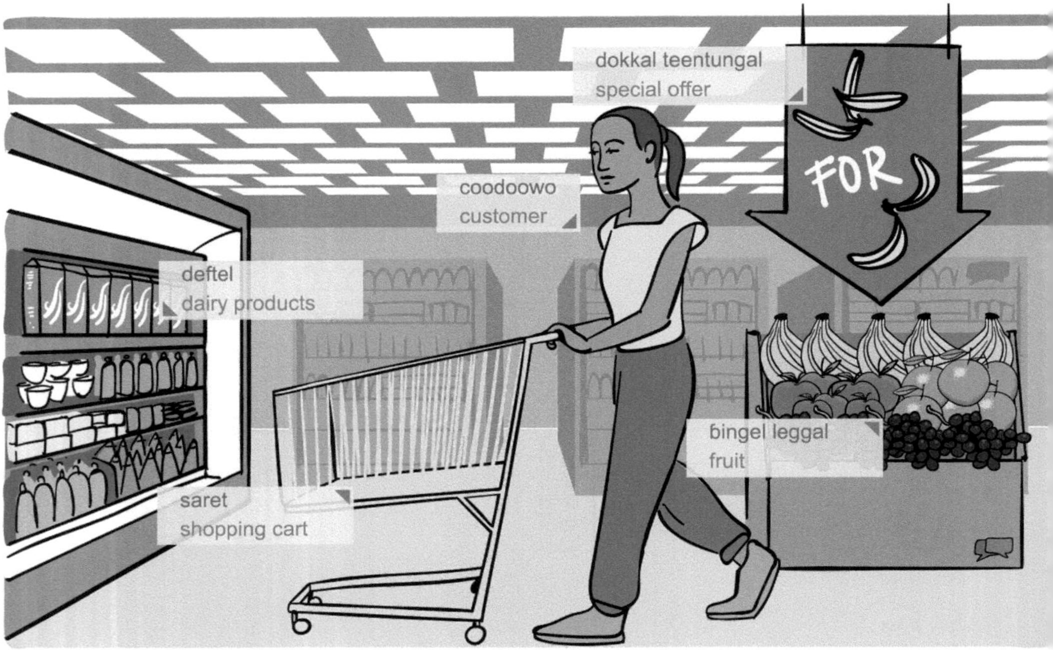

dokkal teentungal
special offer

coodoowo
customer

deftel
dairy products

bingel leggal
fruit

saret
shopping cart

FOR

mo jeeyoowo teewu	mo piyoowo mburu	ɓett
butcher's shop	bakery	weigh
	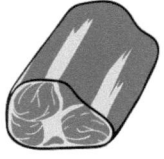	
ɓiɓe leɗɗe	teewu	ñamri fendiindi
vegetables	meat	frozen food

teewu ɓuuɓngu
cold cuts

ñamri
canned food

omo
detergent

tangaleeji
candy

geɗe galle
household products

geɗe laɓɓinooje
cleaning products

jeeyoowo
sales representative

hippoode
cash register

ngaluyanke
cashier

limo soodetee
shopping list

waktuuji gudditeeɗi
opening hours

kalbe
wallet

kartal keredii
credit card

saak
bag

saak dall
plastic baɉ

ndiyam

water

sii

juice

kosam

milk

Koowk

coke

sangara

wine

sangara

beer

alkol

alcohol

koka

cocoa

ataaya

tea

kafe

coffee

esperesoo

espresso

kaputsiino

cappuccino

banaana

banana

pomere

apple

oraaŋs

orange

dende

melon

limoŋ

lemon

karott

carrot

laac

garlic

bambuu

bamboo

soblere

onion

wiiduru gaynako

mushroom

gerte

nuts

kodde

noodles

espaketii

spaghetti

maaro

rice

solaat

salad

sipse

fries

padaas pasnaaɗo

fried potatoes

pissaa

pizza

amburgoor

hamburger

sandiis

sandwich

tayre

escalope

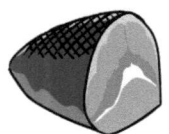

heltinde

ham

salaami

salami

soosiis

sausage

gertogal

chicken

juɗe

roast

liingu

fish

karaw

porridge oats

miyesli

muesli

butaali makka

cornflakes

cafka

flour

koraasaŋ

croissant

loocol mburu

bread roll

mburu

bread

mburu

toast

mbiskit

cookies

boor

butter

caakri

curd

ngato

cake

boofoode

egg

bofoode defaaɗo

fried egg

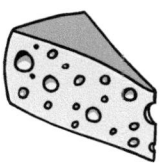

formaas

cheese

kerem galaas

ice cream

suukara

sugar

njuumri

honey

piire

jelly

soosde sokola

nougat cream

kiri

curry

ngesa
farm

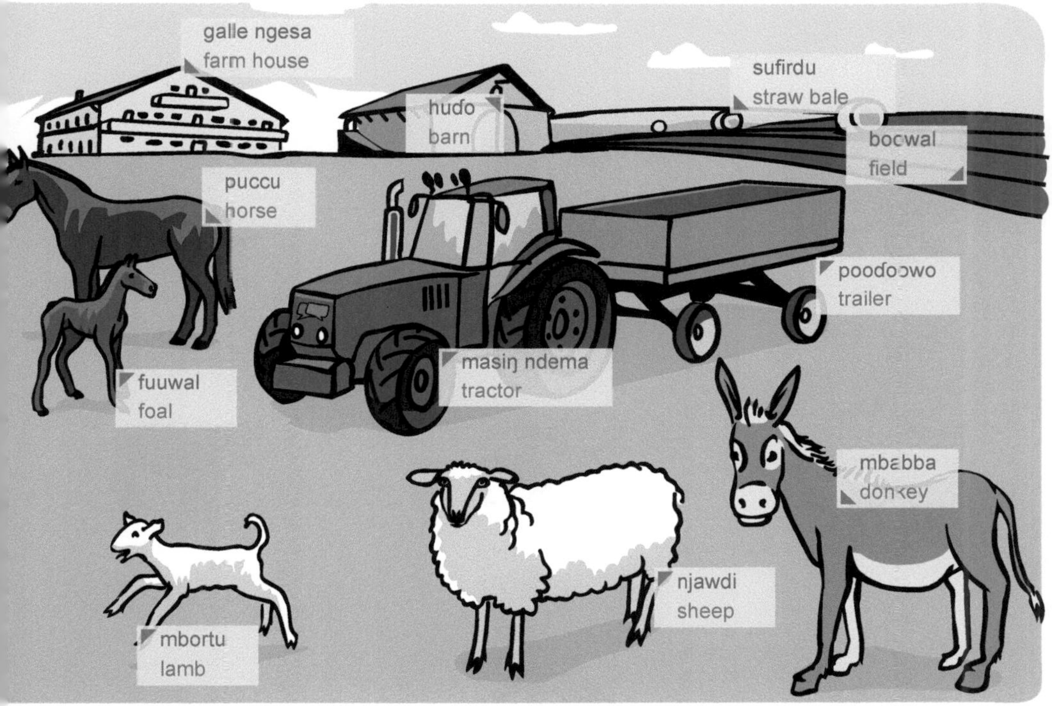

galle ngesa
farm house
huɗo
barn
sufirdu
straw bale
bocwal
field
puccu
horse
pooɗoɔwo
trailer
masiŋ ndema
tractor
fuuwal
foal
mbɛbba
donkey
njawdi
sheep
mbortu
lamb

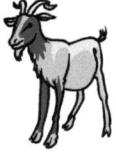

ndamndi

goat

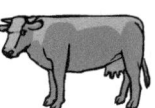

ngaari

cow

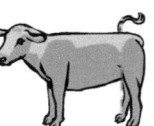

ñale

calf

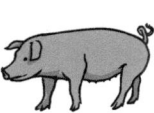

mbaba tugal

pig

ɓingel tugal

piglet

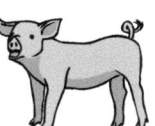

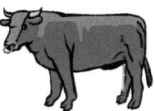

ngaari

bull

jaawalal

goose

jaawangal

duck

gertogal

chick

jarlal

hen

ngori

cockerel

doombru

rat

ulluundu

cat

dombru

mouse

ngaari

ox

rawaandu

dog

suudu rawaandu

dog house

lekki werte

garden hose

bitel ndiyam

watering can

jalo

scythe

jabbude

plow

wafdu
sickle

caga
hoe

furset yettirɗo
pitchfork

jambere
axe

burwett
pushcart

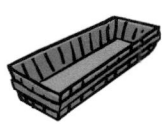

jardugal
trough

bitel kosam
milk can

bonnude
sack

heerorde
fence

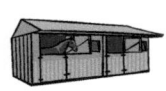

dari
stable

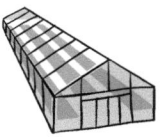

resofmaaŋ
greenhouse

leydi
soil

aawdi
seed

engere
fertilizer

rendin coñoowo
combine harvester

soñ

harvest

coñal

harvest

ñambi

yams

ndiyamiri

wheat

soozaa

soya

padaas

potato

makka

corn

aawdi adan

rapeseed

lekki ɓesnooki

fruit tree

kasaawa

manioc

gawri

grain

galle
house

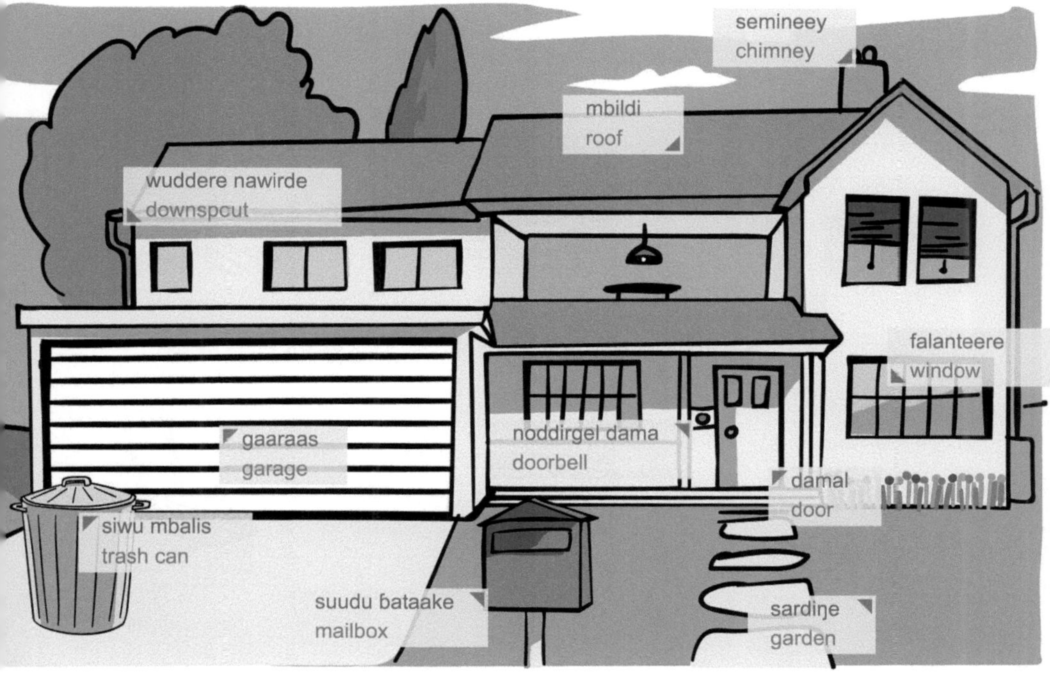

semineey
chimney
mbildi
roof
wuddere nawirde
downspcut
falanteere
window
gaaraas
garage
noddirgel dama
doorbell
damal
door
siwu mbalis
trash can
suudu ɓataake
mailbox
sardiŋe
garden

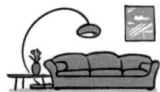

saal

living room

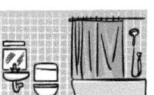

lootorde

bathroom

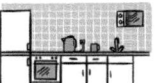

waañ

kitchen

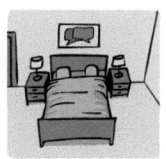

suudu lelteendu

bedroom

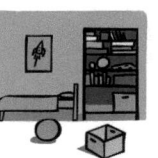

suudu suka

kids room

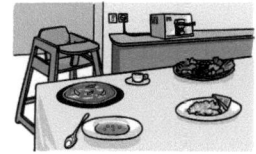

suudu hirtorɗu

dining room

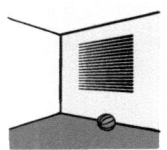

leydi

floor

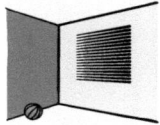

miir

wall

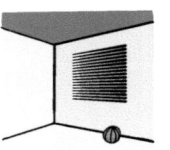

dira

ceiling

masiŋel

cellar

soona

sauna

balkooŋ

balcony

teeraas

terrace

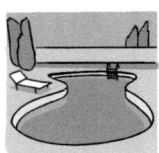

pisin

pool

tondoos

lawn mower

kaayit

sheet

mbertanteeri

bedspread

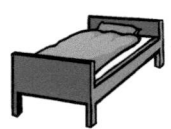

lelnde

bed

pittirɗe

broom

siwoo

bucket

waylu

switch

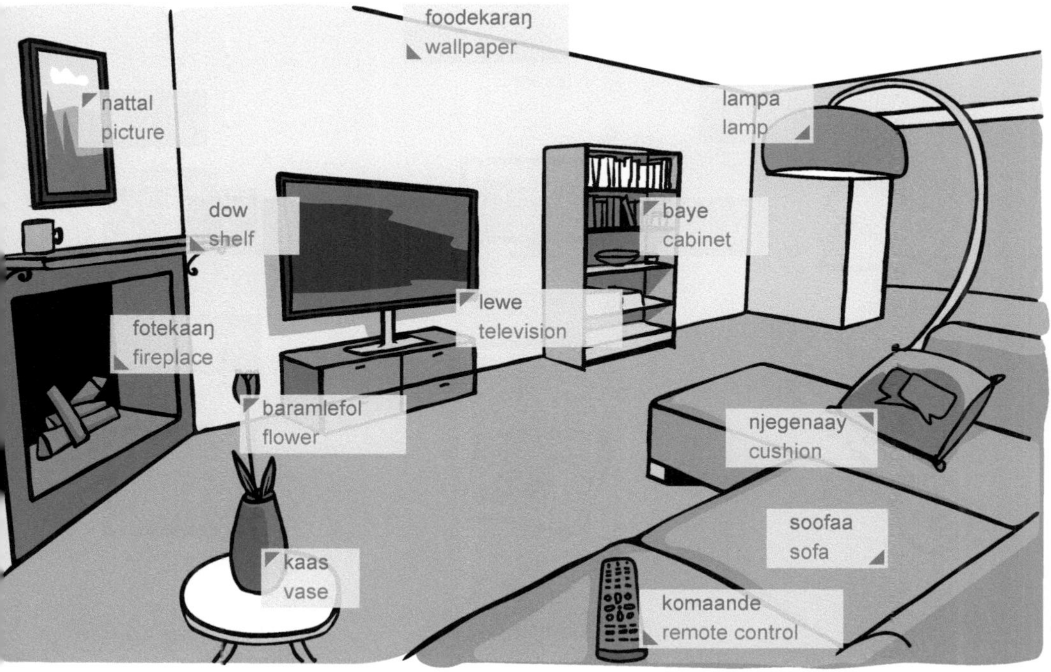

foodekaraŋ
wallpaper

nattal
picture

lampa
lamp

dow
shelf

baye
cabinet

fotekaaŋ
fireplace

lewe
television

baramlefol
flower

njegenaay
cushion

soofaa
sofa

kaas
vase

komaande
remote control

	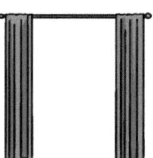	
tappi	rido	taabal
carpet	drape	table
		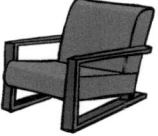
jooɗorde	jooɗorde timmunde	tuggorde
chair	rocking chair	armchair

deftere

book

suddaare

blanket

cinki

decoration

docotal

firewood

filmo

film

kuutorɗe hi-fi

stereo system

caabi

key

jaaynde

newspaper

pentiirde

painting

posteer

poster

haalirde

radio

deftel mooftirgel

notebook

ŋabbude

vacuum cleaner

siwo lekki

cactus

sondel

candle

waañ
kitchen

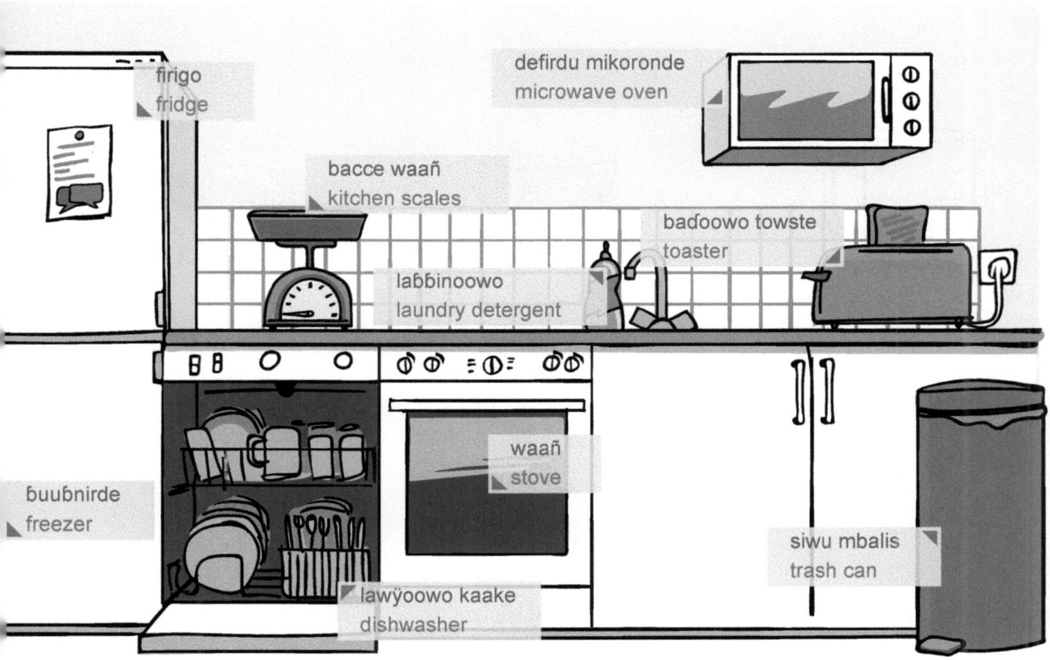

firigo
fridge
defirdu mikoronde
microwave oven
bacce waañ
kitchen scales
baɗoowo towste
toaster
laɓɓinoowo
laundry detergent
waañ
stove
ɓuuɓnirde
freezer
siwu mbalis
trash can
lawƴoowo kaake
dishwasher

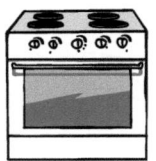

defoowo

cooker

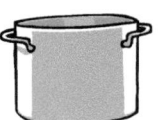

pot

pot

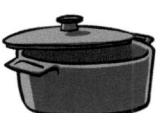

pot baɗɗo njamdi

cast-iron pot

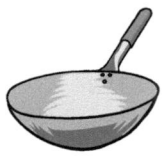

lehel

wok / kadai

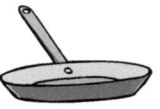

lahal

pan

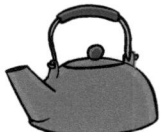

baraade

kettle

gulnoowo

steamer

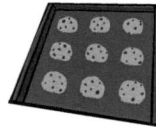

fuur cumirɗo

baking tray

wiisirde

crockery

kaas

mug

taasa

bowl

bakett

chopsticks

heɗirde

ladle

kuundal

spatula

burgal

whisk

gulnirɗo

strainer

pool

sieve

koosoowo

grater

wowru

mortar

njuɗu

barbecue

lewlewndu

fireplace

alluwal tayirgal

chopping board

dullirgal

rolling pin

tenaay

corkscrew

potyel

can

udditirɗo potyel

can opener

jaggoowo pot

oven cloth

lawÿirde

sink

borisde

brush

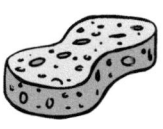

epoos

sponge

jiiɓoowo

blender

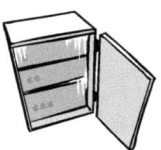

firigo juutɗo

deep freezer

bitel tiggu

baby bottle

robine

tap

lootorde
bathroom

ɓuftogol
shower
wulnude
heating
sarbet
towel
rido ɓuftorde
shower curtain
sumbu lootorɗo
bubble bath
nokku lootorɗo
bathtub
weer
glass
masiŋ guppirɗo
washing machine
robine
tap
biifi
tiles
woppirde
potty
lawÿirde
sink

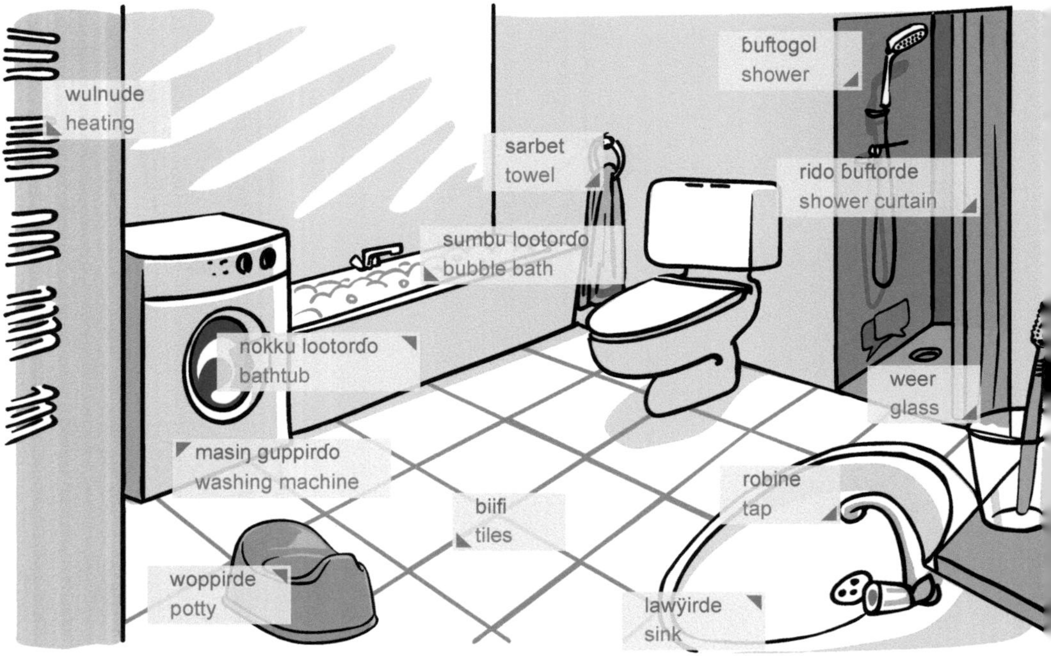

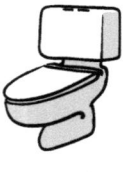

heblorde

toilet

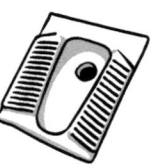

yaltirde les

squat toilet

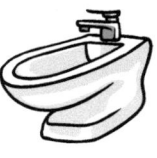

yaltirde

bidet

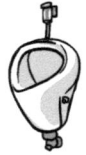

soofirde

urinal

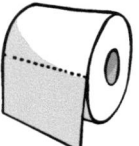

kaayit heblorde

toilet paper

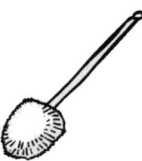

boros heblorde

toilet brush

boros ñiiÿe

toothbrush

pat cocorɗo

toothpaste

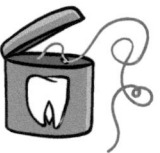

cocorgal

dental floss

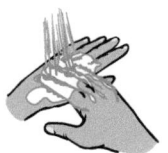

lawyu

wash

ɓuftorde jungo

hand shower

jampe

douche

taasa

basin

boros keeci

back brush

saabunde

soap

nebam ɓuftorde

shower gel

sampoye

shampoo

lootogel

flannel

yupude

drain

mileen

creme

lati

deodorant

daarogal

mirror

daarogal jungo

hand mirror

rasuwaar

razor

sumbu pemborɗo

shaving foam

lallitirde

aftershave

koomu

comb

boros

brush

yoorno hoore

hair-dryer

uurna hoore

hairspray

makiyaas

makeup

lippo

lipstick

emaaye segene

nail varnish

wiro

cotton wool

sisooje segene

nail scissors

parfooŋ

perfume

saawdu lawyirdu

washbag

kuudi

stool

bacce ɓetirde

weighing scales

wutte lootorɗo

bathrobe

kawaseeje dalli

rubber gloves

tampooŋ

tampon

sarbet laɓɓinoorɗo

sanitary towel

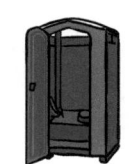

lootogol cellungol

chemical toilet

suudu suka

kids room

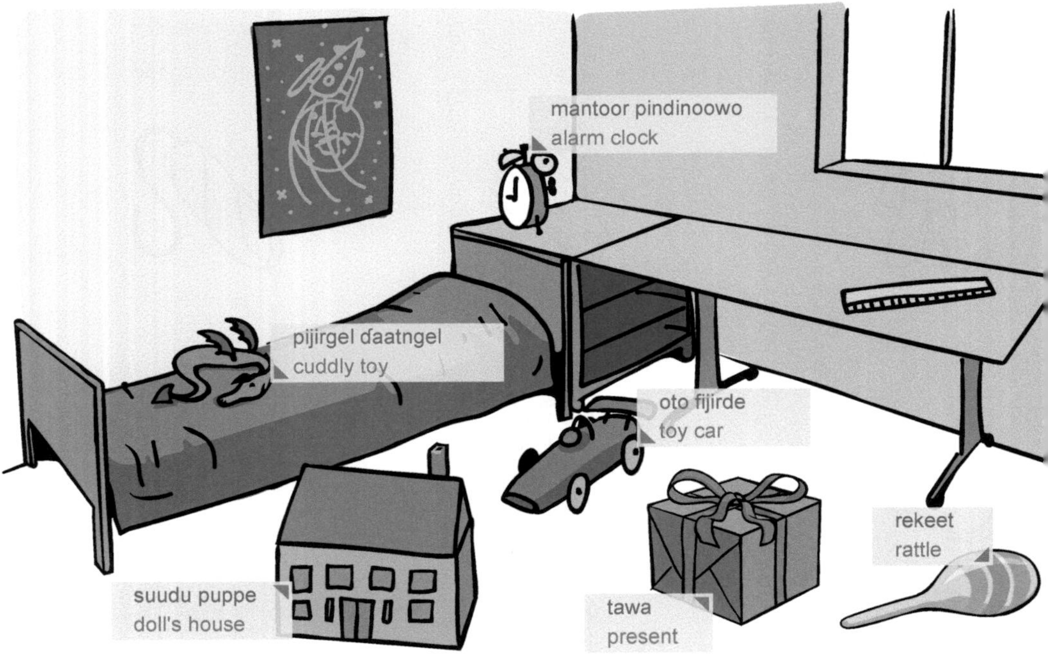

mantoor pindinoowo
alarm clock
pijirgel ɗaatngel
cuddly toy
oto fijirde
toy car
rekeet
rattle
suudu puppe
doll's house
tawa
present

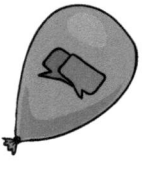

baloon

balloon

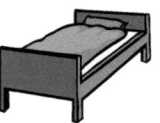

lelnde

bed

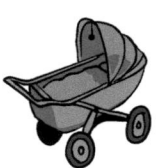

puus puus

stroller

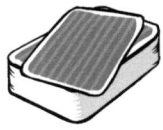

taabal karte

deck of cards

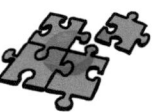

juwirgal

jigsaw

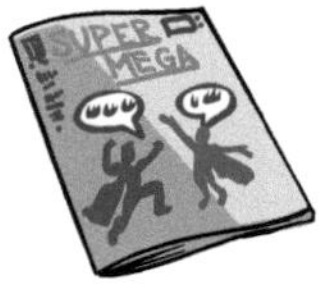

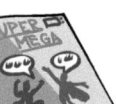

jalnii

comic

tuufeeje lego

lego bricks

kaaÿe maadi

toy blocks

pijirgel suka

action figure

wutte suka

romper suit

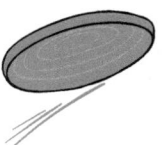

mbiifu

frisbee

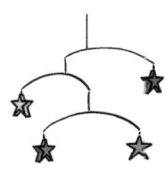

noddirgel

mobile

fijirde alluwal

board game

dee

dice

tereŋ jahiroowo ɔatiri

model train sɘt

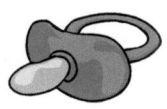

ɗaayɗo

pacifier

hiirde

party

deftere natte

picture book

bal

ball

puppe

doll

fij

play

ngaska leydi

sandpit

yirlude

swing

pijirɗe

toys

fijirde widoo peley

video game console

biifi tati

tricycle

uluundu pijirgel

teddy bear

woliis

wardrobe

ɓoornogol

clothing

kawaseeje

socks

baardinirɗi

stockings

dogirɗi

tights

muurnorde
scarf

paraseewal
umbrella

tiset
t-shirt

dadorde
belt

bataaje
boots

pađe joođorđe
slippers

dogirđe
sneakers

caraax
sandals

pađe
shoes

bataaje dalli
rubber boots

cakkirđi
underwear

site ŋoos
bra

weste
undershirt

ɓandu

body

tuuba

pants

jiin

jeans

sippu

skirt

buluus

blouse

wuttel

shirt

piliweer

pullover

njallaaba

sweater

balaseer suka

blazer

jakett

jacket

sabandoor

coat

wutte toɓo

raincoat

kossim

costume

robbo

dress

wutte cuddungu

wedding dress

cakkirɗo

suit

robbo baalduɗo

nightgown

baaluɗi

pajamas

sari

sari

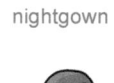

fiilorde

headscarf

kaala

turban

misoor

burka

haftan

kaftan

abaaye

abaya

lumborɗo

swimsuit

leɗɗe

trunks

kilooti

shorts

dewirɗi

tracksuit

aparooŋ

apron

kawase

gloves

nebbu

button

lone

glasses

jawo

bracelet

cakka

necklace

feggere

ring

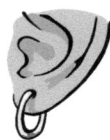

hootonde

earring

laafa

cap

jaggirgal sabandoor

coat hanger

kufna

hat

karwaat

tie

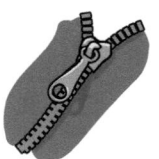

korsude

zip

tengaade

helmet

jawe

braces

wutte jaŋirɗo

school uniform

dadorɗo

uniform

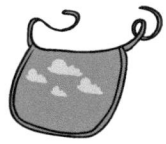

nappu suka

bib

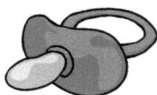

ɗaayɗo

pacifier

fooftini

diaper

gollorde

office

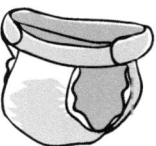

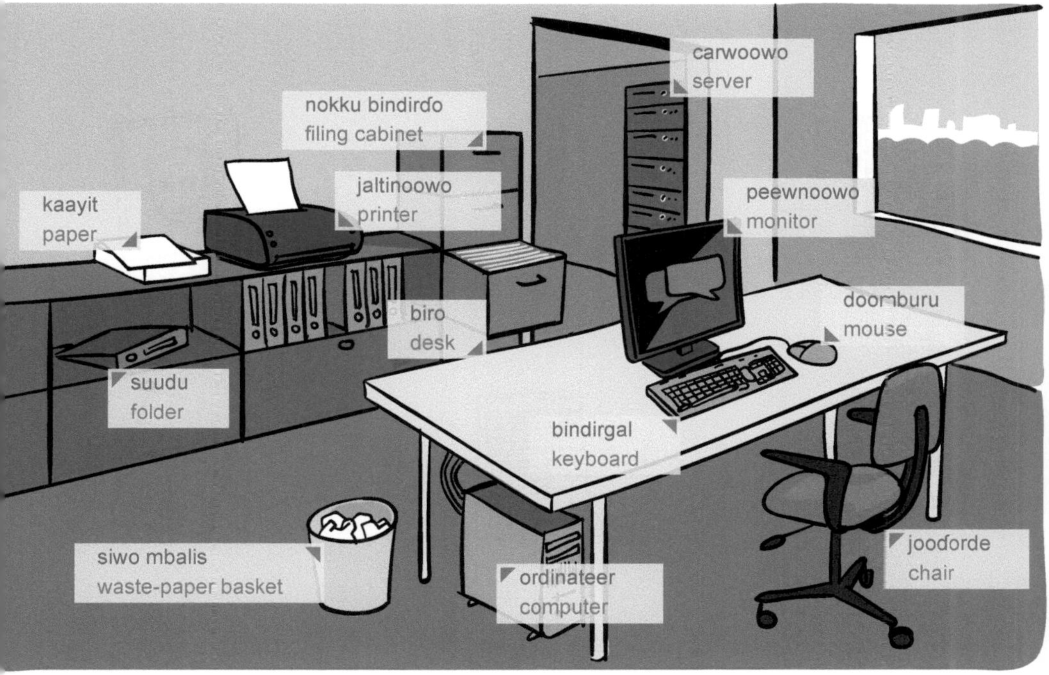

carwoowo
server
nokku bindirɗo
filing cabinet
kaayit
paper
jaltinoowo
printer
peewnoowo
monitor
doomburu
mouse
biro
desk
suudu
folder
bindirgal
keyboard
siwo mbalis
waste-paper basket
ordinateer
computer
jooɗorde
chair

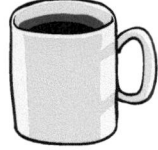

koppu kafe

coffee mug

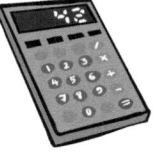

tongirde

calculator

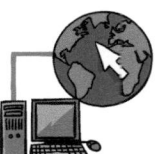

enternet

internet

ordinateer

laptop

ɓataake kaayit

letter

ɓataake

message

noddirgel

cell phone

jokkondiral

network

nandinoowo

photocopier

kuutorgel

software

noddirgel

telephone

piriis

plug socket

masiŋ faksii

fax machine

sifaa

form

kaayit

document

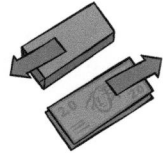

sood

buy

yoɓ

pay

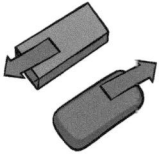

yeey

trade

kaalis

money

dolaar

dollar

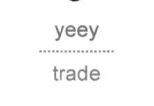

oro

euro

yeen

yen

ruubal

rouble

siiwis farayse

Swiss franc

yuwaan renminbi

renminbi yuan

ruppii

rupee

nokku ngalu

cash point

nokku beccirɗo

currency exchange office

kaŋe

gold

kaalis

silver

peteroŋ

oil

doole

energy

coggu

price

jokkondiral

contract

lempo

tax

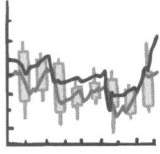

jeyii

stock

liggo

work

liggotooɗo

employee

ligginoowo

employer

isin

factory

yeeyirde

shop

golle
occupations

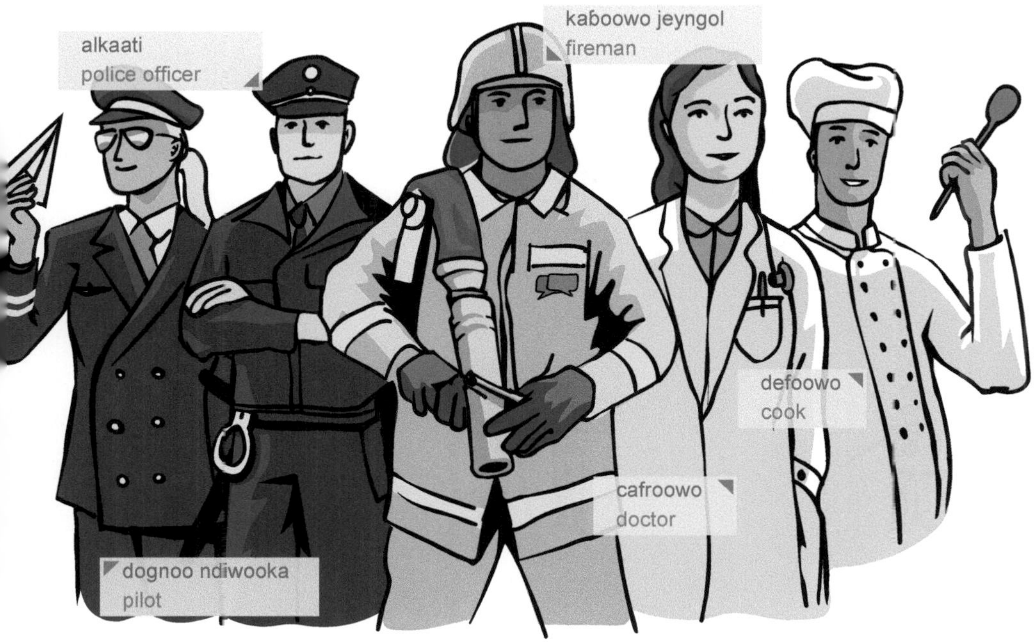

alkaati
police officer
kaɓoowo jeyngol
fireman
defoowo
cook
cafroowo
doctor
dognoo ndiwooka
pilot

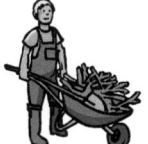

mooftoowo

gardener

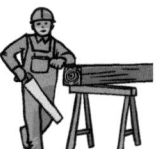

meniise

carpenter

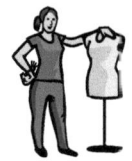

gawoowo deɓbo

seamstress

ñaawoowo

judge

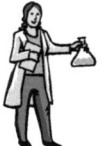

simiyanke

chemist

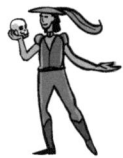

aktoor

actor

diirnoowo biis

bus driver

diirnoowo taksi

taxi driver

gawoowo

fisherman

debbo pittoowo

cleaning lady

biloowo

roofer

carwoowo

waiter

baañoowo

hunter

diidoowo

painter

piyoo mburu

baker

peewnoo jeyngol

electrician

mahoowo

builder

eseñoor

engineer

buusee

butcher

polombiyee

plumber

neɗɗo posto

postman

soldaat

soldier

arsitekte

architect

ngaluyanke

cashier

ledɗeyanke

florist

mooroowo

hairdresser

diirnoowo

conductor

peenoowo jamɗe

mechanic

gardiiɗo

captain

safroowo ñiiÿe

dentist

gando

scientist

babbiin

rabbi

almaami

imam

muwaan

monk

neɗɗo alla

pastor

kuutorɗe
tools

maartoo
hammer
kofooje
pliers
tuurnawiis
screwdriver
tayoowo
wrench
torsoo
torch

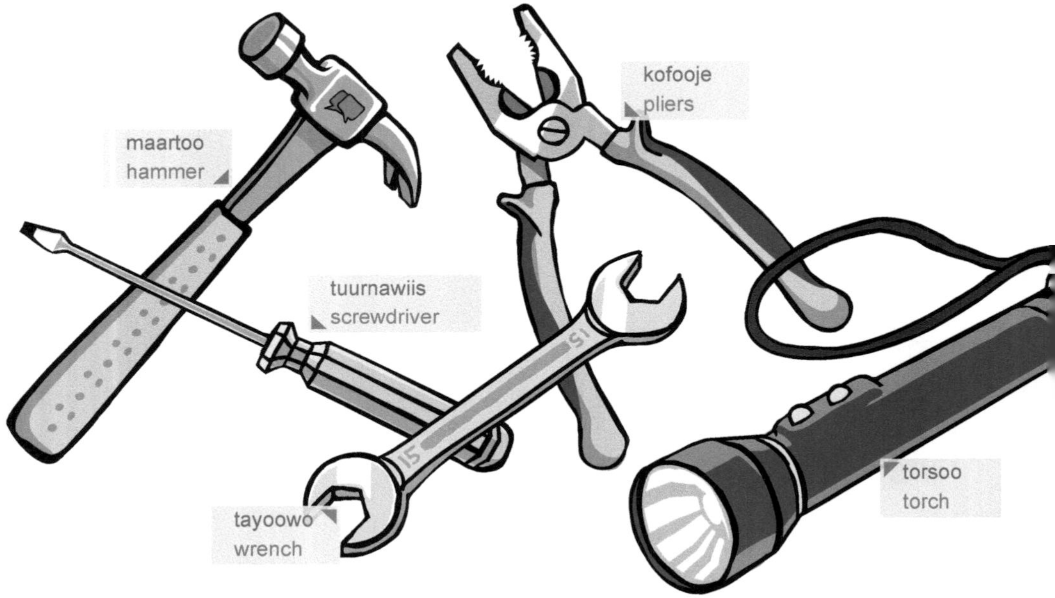

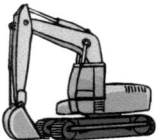

ngasirdi

excavator

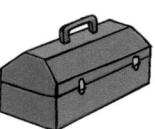

suudu kuutorɗe

toolbox

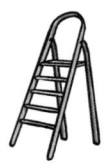

seel

ladder

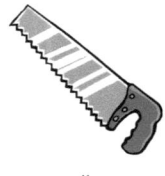

siiy

saw

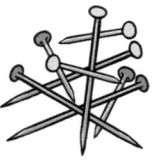

pontooje

nails

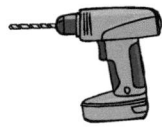

yuwirde

drill

feewnit

repair

nokkirde

shovel

sooot

Damn!

peel

dustpan

pot diidirɗo

paint can

wiisuuji

screws

pijirɗe
musical instruments

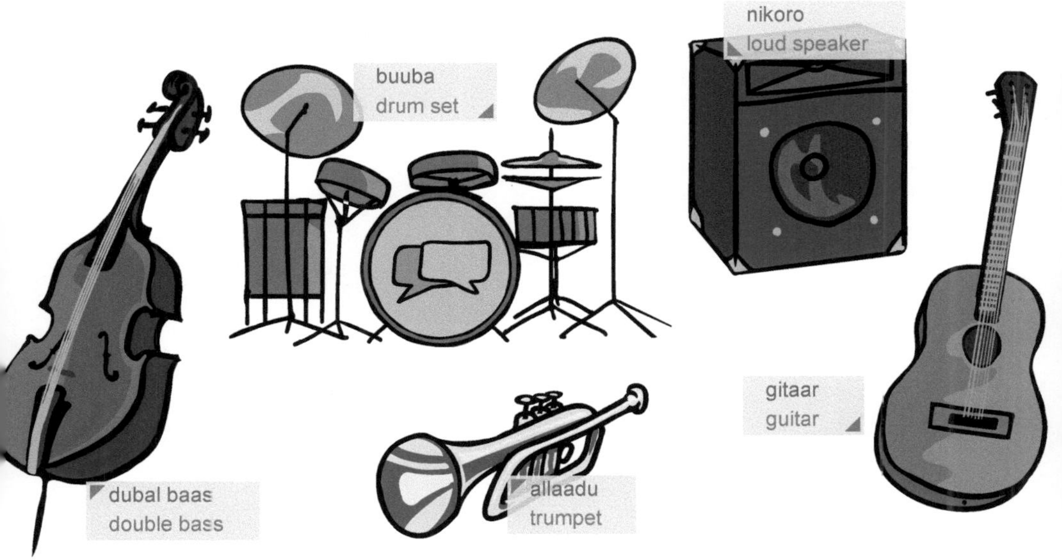

nikoro
loud speaker

buuba
drum set

gitaar
guitar

dubal baas
double bass

allaadu
trumpet

piyaano

piano

ñaañooru

violin

baas

bass

timpaan

timpani

bawɗi

drums

bindirgal

keyboard

saksofooŋ

saxophone

coolumbel

flute

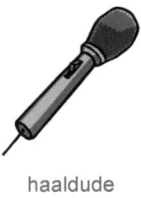

haaldude

microphone

nehirde kulle

zoo

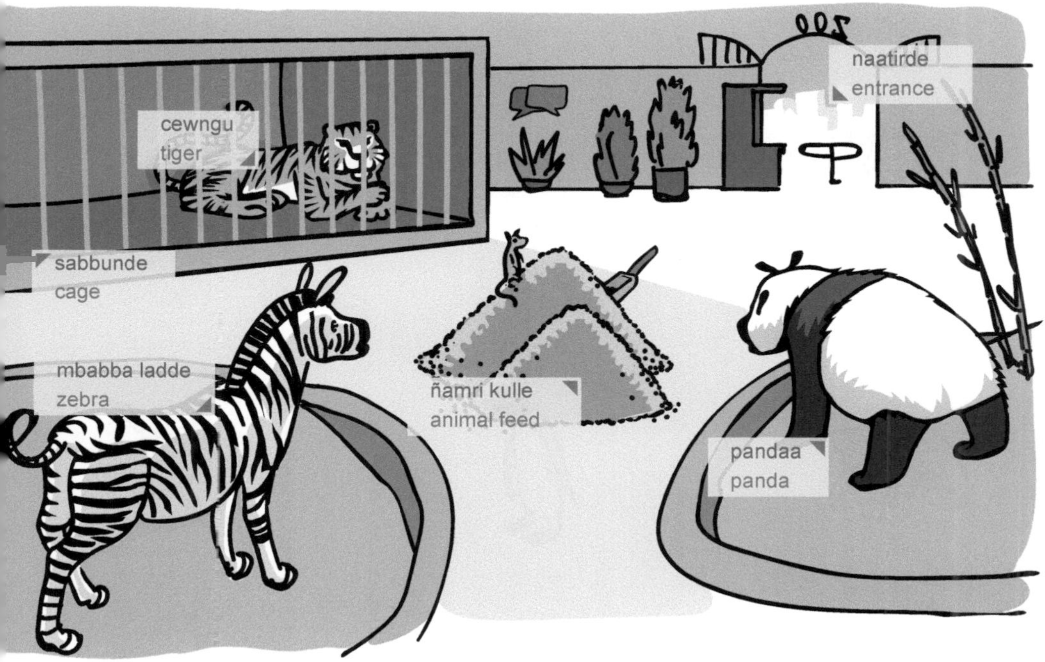

naatirde
entrance
cewngu
tiger
sabbunde
cage
mbabba ladde
zebra
ñamri kulle
animal feed
pandaa
panda

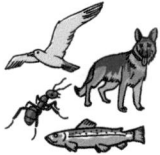

kulle

animals

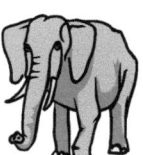

ñiiwa

elephant

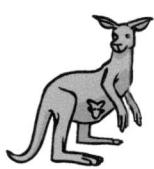

kanguruu

kangaroo

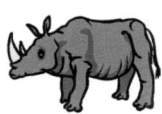

liwoongu

rhino

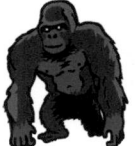

waandu

gorilla

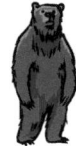

fowru

bear

ngelooba

camel

jaawagal

ostrich

mbaroodi

lion

golo

monkey

ñaarpural

flamingo

seku

parrot

fowru nees

polar bear

peŋwee

penguin

reke

shark

ngoriyal

peacock

mboddi

snake

nooro

crocodile

deenoowo kulle

zookeeper

liingu

seal

cewngu

jaguar

molel puccu

pony

cewlu

leopard

ngabu

hippo

ñamala

giraffe

ciilal

eagle

fowru

boar

liingu

fish

heende

turtle

morsee

walrus

daga

fox

lella

gazelle

fugu koyngel Amarik
American football

welo
cycling

teniis
tennis

basket
basketball

lumbaade
swimming

bokse
boxing

okey e galaas
ice hockey

fugu koyngel
soccer

badminton
badminton

dogduuji
athletics

fugu jungo
handball

eskiiy
skiing

polo
polo

golle
activities

jal
laugh
diw
jump
uurno
hug
yah
walk
yim
sing
hoyɗu
dream
juul
pray
ɓuuco
kiss

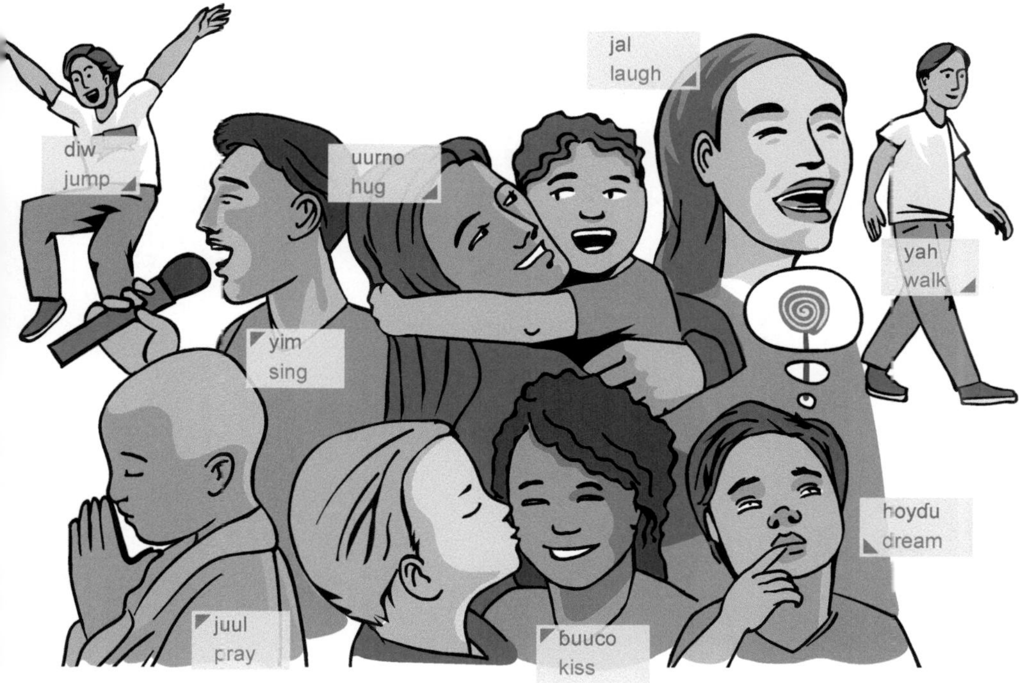

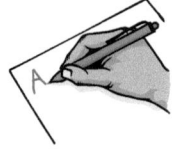

windu

write

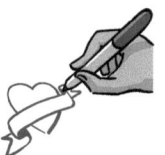

diid

draw

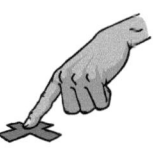

hollu

show

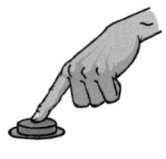

duñ

push

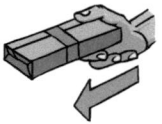

rokku

give

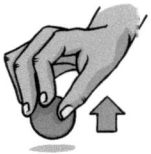

naw

take

jogo
have

waɗ
do

won
be

daro
stand

dog
run

ittu
pull

weddo
throw

yan
fall

fen
lie

fad
wait

naw
carry

jooɗo
sit

ɓoorno
get dressed

ɗaano
sleep

finn
wake up

ndaar

look at

woy

cry

fiiy

stroke

koomu

comb

haal

talk

faam

understand

naamdo

ask

hetto

listen

yar

drink

ñaam

eat

haɓɓu

tidy up

yiɗ

love

def

cook

diirnu

drive

diw

fly

awyu

sail

lim

calculate

jangu

read

jangu

learn

liggo

work

res

marry

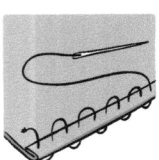

aaw

sew

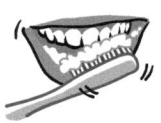

boris ñiiÿe

brush teeth

war

kill

simmo

smoke

neldu

send

taaniraaɗo debbo
grandmother

taaniraaɗo gorko
grandfather

baaba
father

yumma
mother

tiggu
baby

biɗɗo debbo
daughter

biɗɗo gorko
son

koɗo

guest

gogo

aunt

kaawiraaɗo

uncle

mawniraaɗo gorko

brother

mawniraaɗo debbo

sister

ɓandu

body

tiinde
forehead
yitere
eye
walabo
shoulder
feɗeendu
finger
yeeso
face
waare
chin
jungo
hand
korlal
leg
endu
breast
jungo
arm

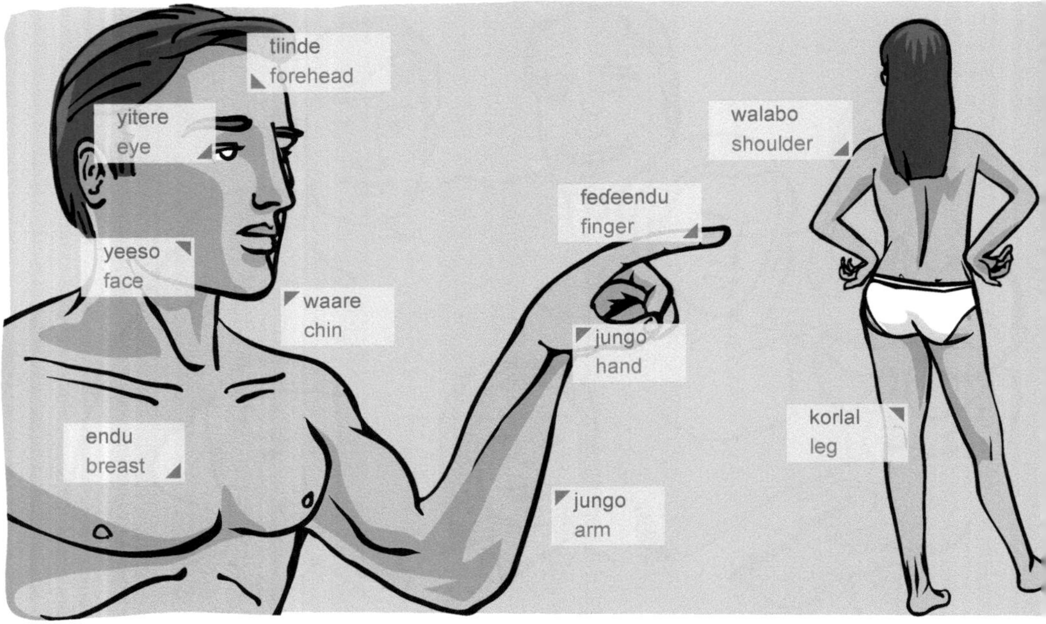

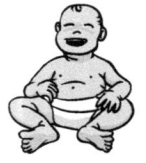

tiggu

baby

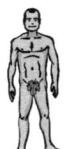

gorko

man

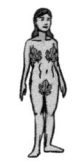

debbo

woman

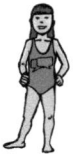

debbo

girl

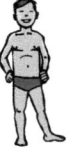

gorko

boy

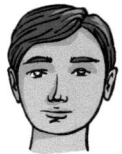

hoore

head

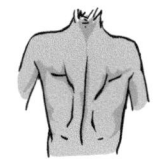

keeci

back

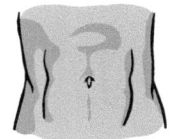

reedu

belly

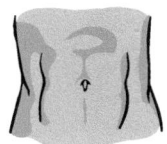

wudduru

navel

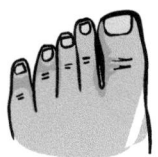

feɗeendu

toe

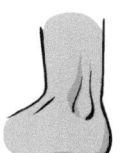

njaaɓordi

heel

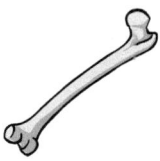

ÿiyal

bone

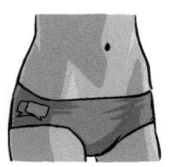

buhal

hip

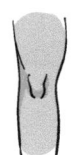

hofru

knee

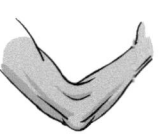

fooŋturu

elbow

hinere

nose

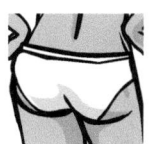

gaɗa

buttocks

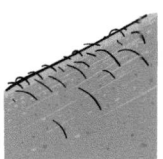

nguru

skin

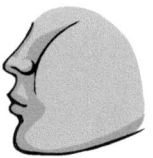

aɓɓuko

cheek

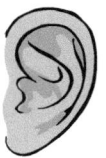

nofru

ear

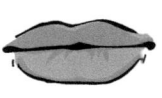

tondu

lip

hunuko

mouth

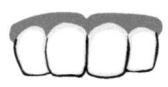

ñiire

tooth

ɗemngal

tongue

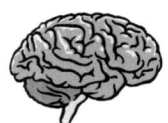

ngaandi

brain

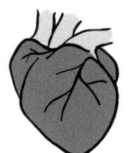

ɓernde

heart

ÿiye

muscle

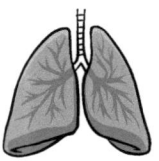

jofe

lung

heeñere

liver

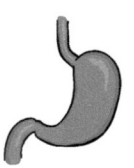

kuuse

stomach

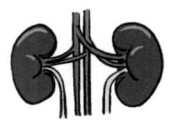

booÿe

kidneys

leldaade

sex

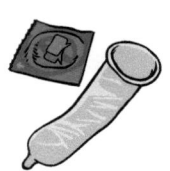

kawasal

condom

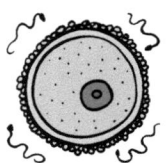

ɓoccoonde

ovum

maniiyu

semen

cowagol

pregnancy

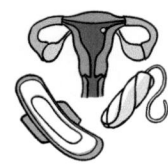

ella
menstruation

kottu
vagina

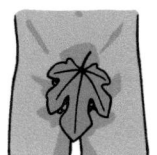

soolde
penis

leeɓol yitere
eyebrow

sukundu
hair

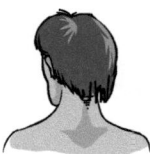

daande
neck

safrirdu
hospital

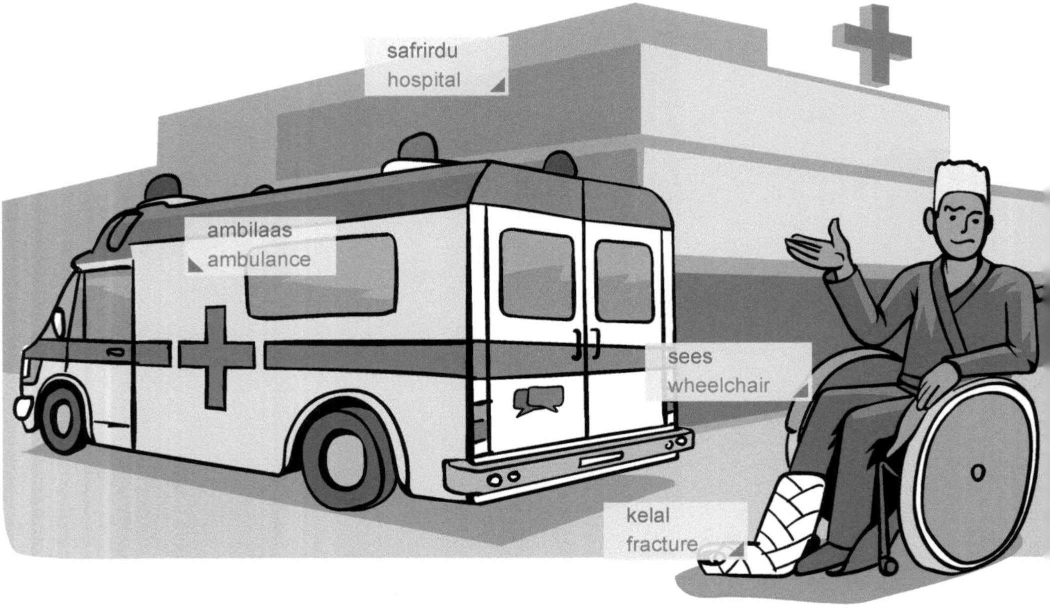

safrirdu
hospital
ambilaas
ambulance
sees
wheelchair
kelal
fracture

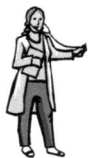

cafroowo

doctor

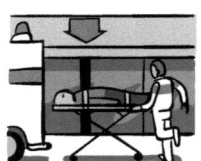

suudu heñaare

emergency room

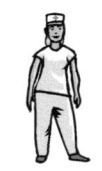

debbo cafroowo

nurse

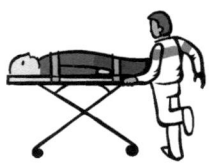

heñorde

emergency

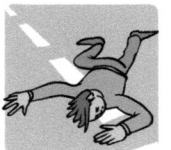

wondaane hakkile

unconscious

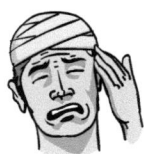

muuseeki

pain

gaañande

injury

tuɗde ÿiiÿam

bleeding

muuseeki ɓernde

heart attack

piigol

stroke

nefo

allergy

ɗojjude

cough

ɓandu wulooru

fever

pali

flu

ndogu reedu

diarrhea

hoore muusoore

headache

kaaseer

cancer

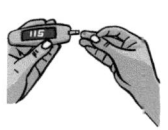

jabett

diabetes

oppiroowo

surgeon

jaggirdi

scalpel

oppeere

operation

CT

CT

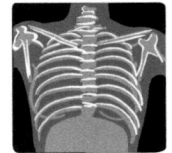

buuɗi x

x-ray

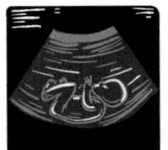

iltarasooŋ

ultrasound

huurirdu yeeso

face mask

rafi

disease

heblorde

waiting room

beeke

crutch

tabak

plaster

bandaas

bandage

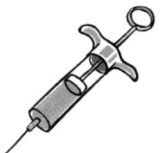

pinggu

injection

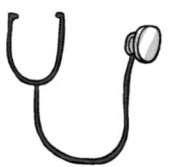

estetoskop

stethoscope

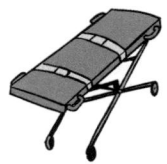

pooɗoowo

stretcher

termomeeter safrirdu

clinical thermometer

jibinande

birth

buttiɗgol

overweight

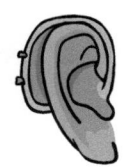

ballal nanirɗe

hearing aid

laɓɓinoowo

disinfectant

raaɓo

infection

wiriis

virus

SIDAA

HIV / AIDS

lekki

medicine

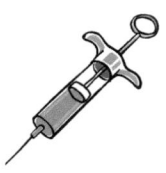

ñakko

vaccination

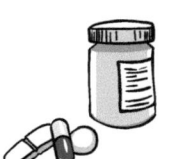

poɗɗe

tablets

foɗɗere

pill

noddaango heñiingo

emergency call

ÿeewtorde yaadu ÿiiyam

blood pressure monitor

faawŋi / selli

ill / healthy

pindinoowo		**njangu**
alarm		assault

Ballal
Help!

raaŋande
attack

boomre
danger

yaltirde yaawnde
emergency exit

Jeyngol
Fire!

ñifoowo jeyngol
fire extinguisher

aksida
accident

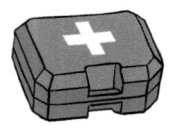

saawdu safaara gadano
first-aid kit

SOS
SOS

poliis
police

Orop

Europe

Amarik Rewo

North America

Amarik Worgo

South America

Afirik

Africa

Aasi

Asia

Ostaraali

Australia

Atalantik

Atlantic

Pasifik

Pacific

Maayo Endo

Indian Ocean

Maayo Antarkatik

Antarctic Ocean

Maayo Arkatik

Arctic Ocean

Baŋe Rewo

North pole

Baŋe Worgo
....
South pole

Antarkatik
....
Antarctica

Leydi
....
earth

leydi
....
land

maayo
....
sea

siire
....
island

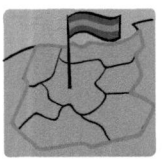

wuro
....
nation

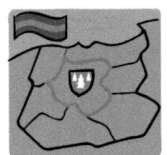

laamu
....
state

yeeso waktu

clock face

jungo waktu

hour hand

jungo hojoma

minute hand

jungo majaango

second hand

hol waktu?

What time is it?

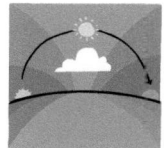

ñalawma

day

saha

time

jooni

now

mantoor nattoowo

digital watch

hojoma

minute

waktu

hour

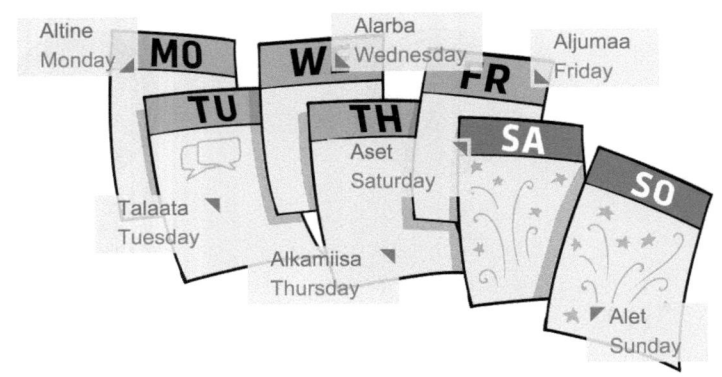

Altine Monday
Talaata Tuesday
Alarba Wednesday
Alkamiisa Thursday
Aljumaa Friday
Aset Saturday
Alet Sunday

hanki
yesterday

hande
today

jango
tomorrow

subaka
morning

ñalawma
noon

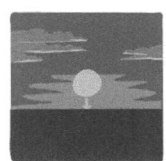

kikiiɗe
evening

biir
workdays

ñaldi
weekend

hitaande

year

toɓo
rain
timtimol
rainbow
hendu
wind
nees
snow
demminaare
spring
ceeɗu
summer
ndunngu
fall
dabbunde
winter

4.APRIL 11°
5.APRIL 4°
6.APRIL 13°
7.APRIL 8°
8.APRIL 10°

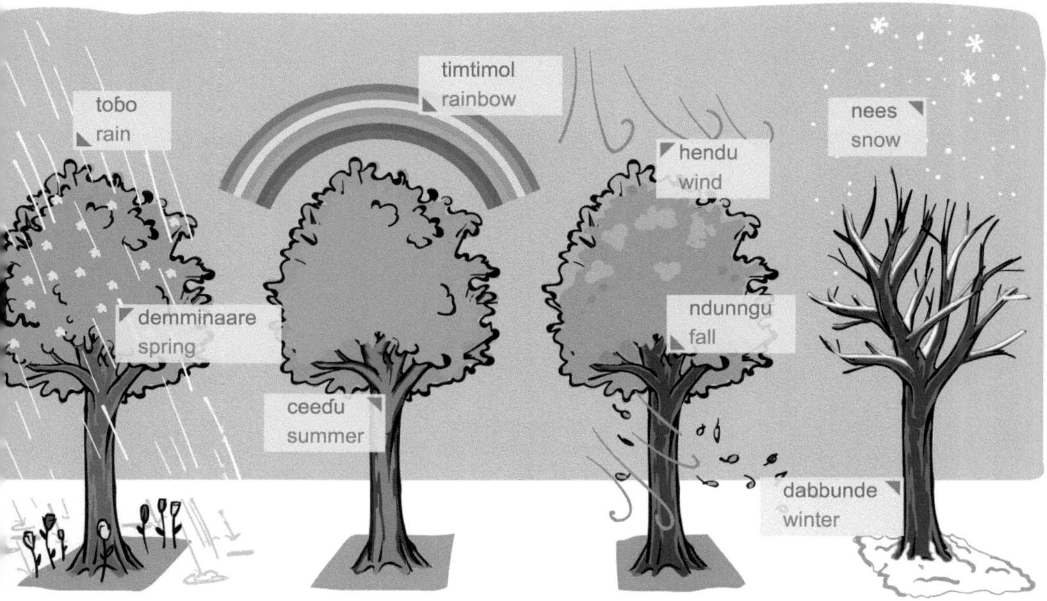

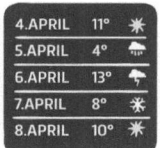

kabaaru weeyo

weather forecast

F
C
120
90
60
30
0
-30
40
30
20
10
0
-10
-20

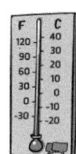

termomeeter

thermometer

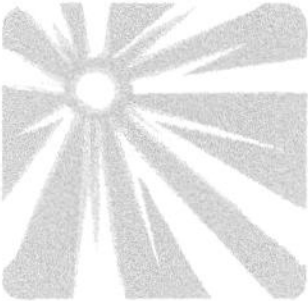

naaŋini

sunshine

ruulde

cloud

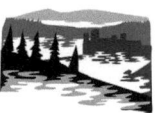

cuurki

fog

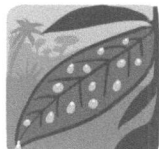

uddeende

humidity

majje

lightning

gidaango

thunder

hendu

storm

huɗɗni

hail

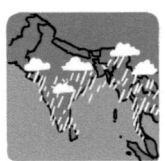

ruulɗini

monsoon

waame

flood

nees

ice

Siilo

January

Colte

February

Mbooy

March

Seeɗto

April

Duuyal

May

Korse

June

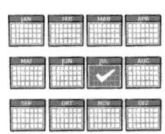

Morse

July

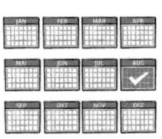

Juko

August

Siilto

September

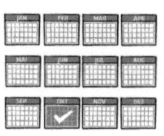

Yarkoma

October

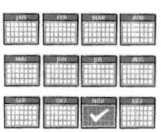

Jolal

November

Bowte

December

taarto

circle

yaajeendi

square

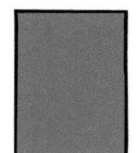

yaajo

rectangle

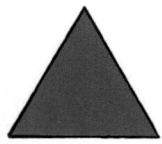

saraandi

triangle

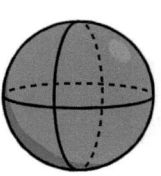

mbiifu

sphere

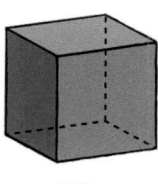

kiibb

cube

daneejo

white

oolo

yellow

oraas

orange

roos

pink

bodeejo

red

mboongu

purple

bulaajo

blue

werte

green

cooyo

brown

puro

gray

ɓaleejo

black

heewi / seeɗa

a lot / a little

seki / deeyi

angry / calm

yooɗi / soofi

beautiful / ug y

fuuɗorde / gasirde

beginning / end

mawɗo / tokooso

big / small

leeri / niɓɓiɗ

bright / dark

maniraaɗo / miñiraaɗo

brother / sister

laaɓi / tunwi

clean / dirty

timmi / manki

complete / incomɔlete

ñalawma / jamma

day / night

maayi / wuuri

dead / alive

yaaji / faaɗi

wide / narrow

nano / nanotaako

edible / inedible

boni / moÿÿi

evil / kind

softi / yoomi

excited / bored

ɓuttiɗi / sewi

fat / thin

adi / wattindi

first / last

sehil / gaño

friend / enemy

heewi / ɓolɗi

full / empty

muusi / weeɓi

hard / soft

teddi / hoyi

heavy / light

heege / ɗomka

hunger / thirst

faawŋi / selli

ill / healthy

wona laawol / laawol

illegal / legal

feerti / muddiɗi

intelligent / stupid

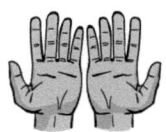

nano / ñaamo

left / right

ɓatti / woɗɗi

near / far

keso / kiiɗɗo

new / used

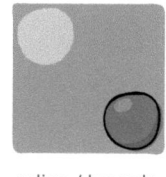

ndiga / huunde

nothing / something

nayeejo / suka

old / young

huɓɓi / ñifii

on / off

uditi / uddii

open / closed

deeŷi / dille

quiet / loud

alɗi / waasi

rich / poor

goonga / fenaande

right / wrong

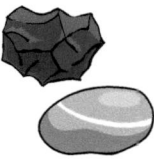

tiiɗi / nooyi

rough / smooth

metti / weli

sad / happy

raɓɓiɗi / juuti

short / long

leeli / yaawi

slow / fast

leppi / yoori

wet / dry

wuli / ɓuuɓi

warm / cool

hare / jam

war / peace

0

ndiga

zero

1

gooto

one

2

ɗiɗi

two

3

tati

three

4

nay

four

5

joy

five

6

jeegom

six

7

jeeɗiɗi

seven

8

jeetati

eight

9

jeenay

nine

10

sappo

ten

11

sappoy goo

eleven

12
sappoy ɗiɗi

twelve

13
sappoy tati

thirteen

14
sappoy nay

fourteen

15
sappoy joy

fifteen

16
sappoy jeegom

sixteen

17
sappoy jeeɗiɗi

seventeen

18
sappoy jeetati

eighteen

19
sappoy jeenay

nineteen

20
noogaas

twenty

100
teemedere

hundred

1.000
ujunere

thousand

1.000.000
miliyooŋ

million

Aŋale
....
English

Aŋale Amarik
....
American English

Mandare Siinaaɓe
....
Chinese Mandarin

Hindi
....
Hindi

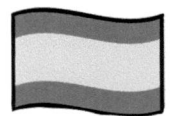

Españool
....
Spanish

Farayse
....
French

Arab
....
Arabic

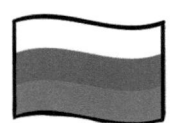

Riis
....
Russian

Portigees
....
Portuguese

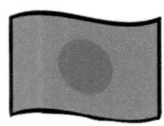

Bengali
....
Bengali

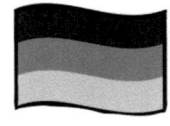

Almaa
....
German

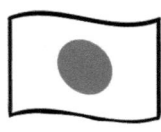

Sapponee
....
Japanese

miin

I

an

you

kanko / kanko / kanum

he / she / it

minen

we

onon

you

kamɓe

they

holoon?

who?

holɗuum?

what?

holnoon?

how?

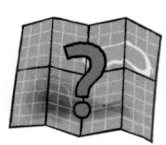

holtoon?

where?

mande?

when?

inde

name

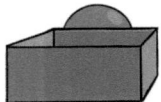

caggal

behind

nder

in

sawndo

in front of

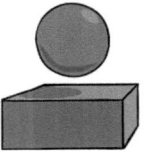

dow

over

e

on

les

under

sara

beside

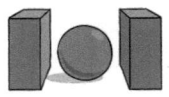

hakkunde

between

nokku

place